1 Stromstärke, Spannung und elektrischer Widerstand

1.1 Elektrischer Strom, Stromstärke und Spannung

Bauteile und einfache Stromkreise

1 Die Bilder zeigen verschiedene elektrische Bauteile. Ergänze jeweils die Bezeichnung und das Schaltzeichen des Bauteils.

 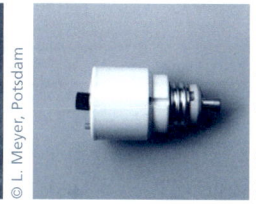 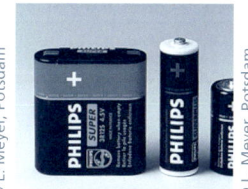 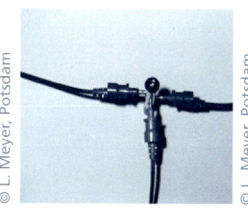 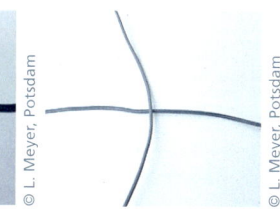

Energiesparlampe

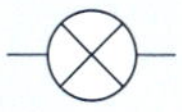

2 Baue einen einfachen Stromkreis auf.

Vorbereitung:
Zeichne einen Schaltplan für einen Stromkreis mit Spannungsquelle, Glühlampe und Schalter.

Durchführung:
Ordne zunächst alle Bauteile auf dem Tisch so an, wie es im Schaltplan gezeichnet ist. Verbinde danach die Bauteile mit elektrischen Leitungen.
Probiere aus, ob die Glühlampe beim Schließen des Schalters leuchtet. Baue den Schalter an einer anderen Stelle des Stromkreises ein und probiere erneut.

3 Die Fotos zeigen Experimentieranordnungen. Zeichne neben jede Experimentieranordnung den zugehörigen Schaltplan. Benenne die dargestellten Bauteile.

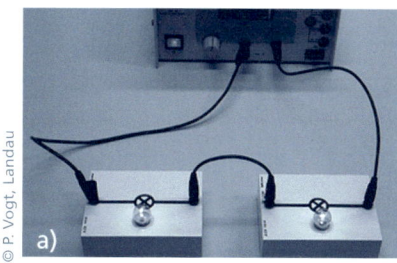
a)

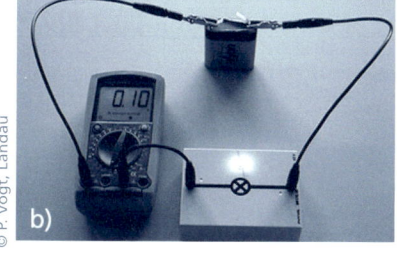
b)

Wirkungen des elektrischen Stroms

1 Nachfolgend ist ein Überblick über die Wirkungen des elektrischen Stroms gegeben. Ergänze.

Wirkungen des elektrischen Stroms

Chemische Wirkung			
↓	↓	↓	↓
Beispiele: Verkupfern	Beispiele:	Beispiele:	Beispiele:

2 Die Abbildungen zeigen verschiedene technische Geräte. Gib jeweils an, welche Wirkung des elektrischen Stroms genutzt wird.

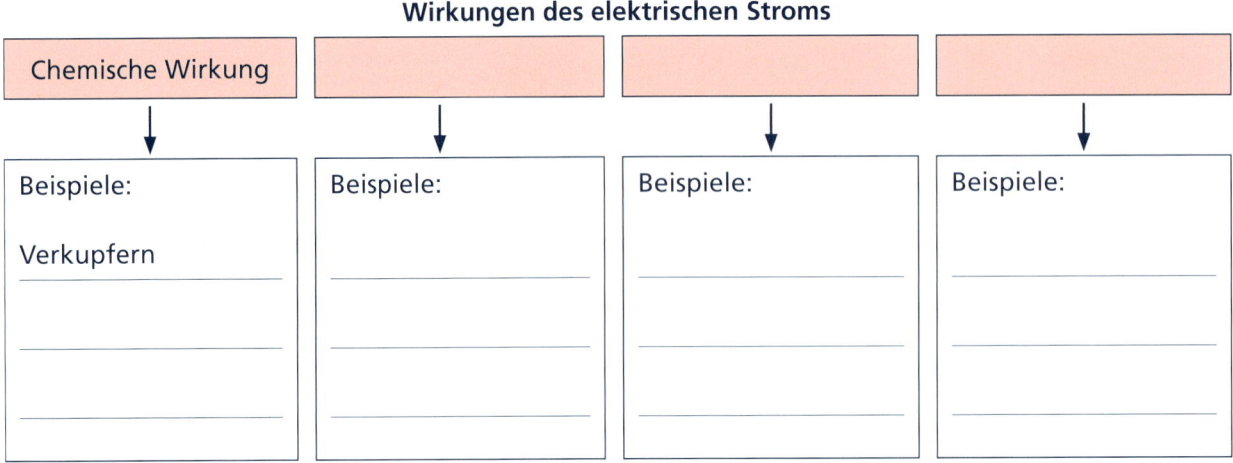

3 Einige Wirkungen des elektrischen Stroms sind in Geräten eher unerwünscht. Oft lassen sie sich jedoch nicht vermeiden. Nenne Beispiele für unerwünschte Wirkungen des elektrischen Stroms bei Geräten.

Elektrischer Strom, Stromstärke und Spannung 3

Einfache Stromkreise und Wirkungen des elektrischen Stroms

1 Die Skizze zeigt den Aufbau einer Glühlampe.
a) Welche Wirkung des elektrischen Stroms wird bei einer Glühlampe genutzt? Welche Wirkung ist unerwünscht, aber unvermeidlich?

_____

_____

_____

b) Zeichne den Weg des elektrischen Stroms durch die Glühlampe mit farbigem Stift ein.

2 Gib für die folgenden Schaltungen an, ob ein Kurzschluss vorliegt. Zeichne im Falle eines Kurzschlusses den Weg des Stroms farbig ein.

a) b) c)

d) Warum ist ein Kurzschluss gefährlich und muss möglichst vermieden werden?

_____

3 Elektrischer Strom kann für den Menschen sehr gefährlich sein. Deshalb sind Schutzmaßnahmen erforderlich. Nenne einige wichtige Regeln im Umgang mit elektrischem Strom.

1. _____

2. _____

3. _____

4. _____

4 Warum darf man sich auf keinen Fall so verhalten, wie es in der Skizze dargestellt ist?

_____

_____

_____

_____

© Duden Paetec GmbH, Berlin. Alle Rechte vorbehalten. Internet: www.duden-schulbuch.de

4 Stromstärke, Spannung und elektrischer Widerstand

Sicherheit im Umgang mit elektrischem Strom

1 Die Bilder zeigen eine Schmelzsicherung und ihren Aufbau.
a) Welche Funktion hat eine Sicherung?

_____

_____

b) Was bedeutet die Angabe auf der abgebildeten Schmelzsicherung?

_____

_____

_____

c) Was passiert, wenn die Stromstärke im betreffenden Stromkreis 10 A deutlich überschreitet?

_____

_____

2 Bei einem Auto geht die Innenbeleuchtung an, wenn man die Tür öffnet. Beim Schließen der Tür verlöscht das Licht. Für den Aufbau einer solchen Schaltung braucht man nur eine Spannungsquelle, eine Glühlampe und einen Schalter.
a) Skizziere das Schaltbild für den Fall, dass die Beleuchtung ausgeschaltet ist (geschlossene Tür).
b) Wie kann man erreichen, dass sich die Beleuchtung beim Öffnen der Tür einschaltet?

_____

_____

3 Elektrischer Strom kann für den Menschen gefährlich sein. Kreuze an, welche der folgenden Aussagen richtig und welche falsch sind.

	richtig	falsch
Die im Haushalt genutzte Spannung von 230 V ist lebensgefährlich.		
Der menschliche Körper leitet den elektrischen Strom nicht.		
Die Pole einer Steckdose darf man auf keinen Fall mit den Fingern berühren.		
Elektrische Quellen sind nur gefährlich, wenn die Spannung zwischen ihren Polen mehr als 100 V beträgt.		

Die elektrische Stromstärke

1 Die Skizze zeigt einen elektrischen Strom durch einen metallischen Leiter.
In einem Gedankenexperiment wird jeweils eine Größe verändert und die anderen Größen werden konstant gehalten. Wie ändert sich die elektrische Stromstärke? Ergänze.

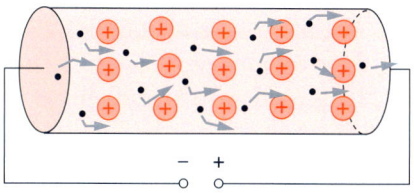

Änderung einer Größe	Auswirkungen auf die Stromstärke
Die Anzahl der bewegten Elektronen wird größer.	
Die Elektronen bewegen sich langsamer.	
Der Leiterquerschnitt wird vergrößert.	

2 Rechne die gegebenen Stromstärken in der Tabelle in die jeweils andere Einheit um. Ergänze den Lückentext.

Benannt ist die Einheit der elektrischen Stromstärke nach dem
_____ Naturforscher André Marie Ampère.
Er lebte von _____ bis _____.
Das Gerät, mit dem man die elektrische Stromstärke misst, nennt man _____ oder _____.
Beim Messen der Stromstärke treten wie bei jeder Messung _____ auf.

I in A	I in mA
5	
	23
0,34	
0,006	
	8920
7,1	

3 Vervollständige die folgende Tabelle.

Physikalische Größe	Die elektrische Stromstärke gibt an …	Formelzeichen	Einheiten	Messgerät
elektrische Stromstärke				

4 Im Alltag hört man die Aussage: „Eine Glühlampe verbraucht ziemlich viel Strom." Wie kann man in einem Experiment nachweisen, dass diese Aussage nicht stimmt?
Entwirf einen Schaltplan. Führe das Experiment durch.

_____
_____
_____

Stromstärke, Spannung und elektrischer Widerstand

Die elektrische Spannung

1 Mithilfe eines Apfels und zwei verschiedenen Metallen kann man eine Spannung erzeugen. Untersuche den Betrag der Spannung bei verschiedenen Metallen.

Vorbereitung:
Lege Körper aus verschiedenen Metallen (z.B. Stahlnagel, dickerer Kupferdraht, Stück Blei, Lötzinn, Aluminiumstreifen) bereit.

Durchführung:
Baue die Anordnung nach der Skizze auf. Miss die Spannung bei verschiedenen Kombinationen von Metallen. Trage deine Ergebnisse in die Tabelle ein.

Auswertung:

Metall 1	Metall 2	Spannung in V

Welche Folgerungen ergeben sich aus den Untersuchungen für die Konstruktion von Batterien?

_____

_____

2 Die Abbildungen zeigen die Skala eines Schülermessgerätes. Lies für die Zeigerstellungen A bis E jeweils die Spannung ab. Trage die abgelesenen Werte in die Tabelle ein.

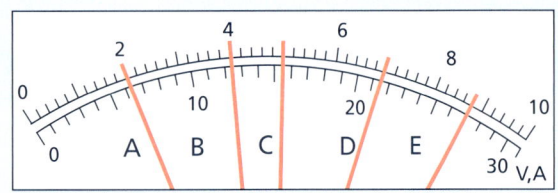
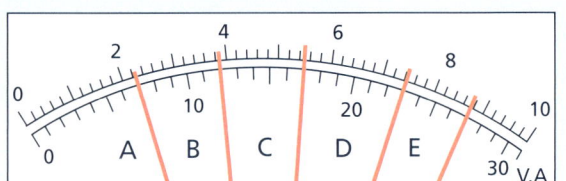

Messbereich 10 V				
Zeiger- stellung	A	B	C	D	E
U in V					

Messbereich 30 V				
Zeiger- stellung	A	B	C	D	E
U in V					

Messbereich 1 V				
Zeiger- stellung	A	B	C	D	E
U in V					

Messbereich 3 V				
Zeiger- stellung	A	B	C	D	E
U in V					

Elektrischer Strom, Stromstärke und Spannung

Spannung und Stromstärke

1 Rechne die gegebenen Spannungen in der Tabelle in die anderen Einheiten um. Ergänze den Lückentext.

Die Einheit der elektrischen Spannung ist nach dem italienischen Naturforscher _____

benannt. Er lebte von _____ bis _____ .

Das Messgerät zur Messung der Spannung nennt

man _____ oder _____ .

Volta konstruierte auch die ersten _____ .

U in kV	U in V	U in mV
	15,8	
1		
	0,42	
380		
		15 000

2 Kreuze in der Tabelle an, welche Aussagen für die Fälle A bis D zutreffen.

A 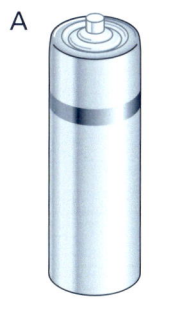 B  C 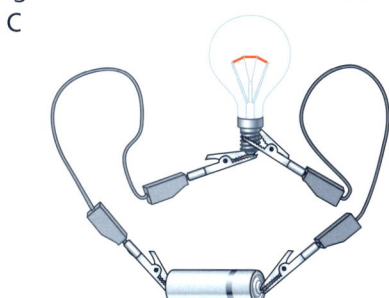 D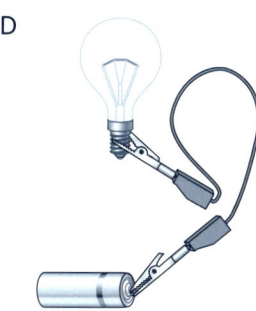

	A	B	C	D
Es fließt ein elektrischer Strom bei				
Eine elektrische Spannung ist vorhanden bei				
Es fließt ein elektrischer Strom und es tritt eine elektrische Spannung auf.				

3 Wo steckt der Fehlerteufel? Korrigiere mit farbigem Stift. Begründe deine Korrektur.

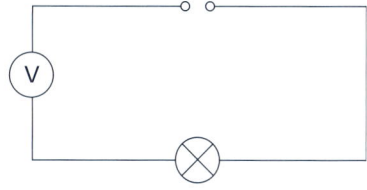  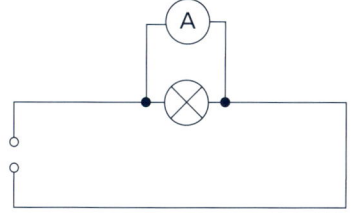

8 Stromstärke, Spannung und elektrischer Widerstand

Stromstärke im verzweigten Stromkreis

1 In der Skizze ist ein verzweigter elektrischer Stromkreis dargestellt.
Zeichne einen entsprechenden verzweigten Wasserstromkreis und markiere die Richtung des Wasserstroms.

a)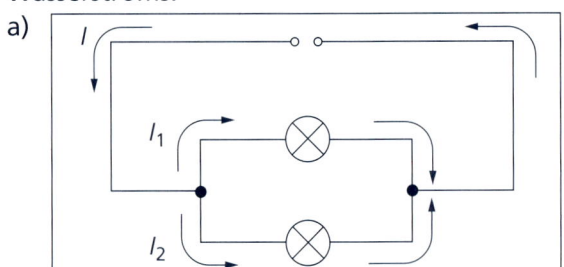

b) Stelle eine Vermutung über den Zusammenhang zwischen I, I_1 und I_2 auf.

___

2 Untersuche experimentell die elektrische Stromstärke in einem verzweigten Stromkreis.

Durchführung:
Baue den Stromkreis nach dem nebenstehenden Schaltplan auf.
Miss für verschiedene Spannungen zunächst I und anschließend I_1 bzw. I_2.
Trage deine Messwerte in die Tabelle ein.

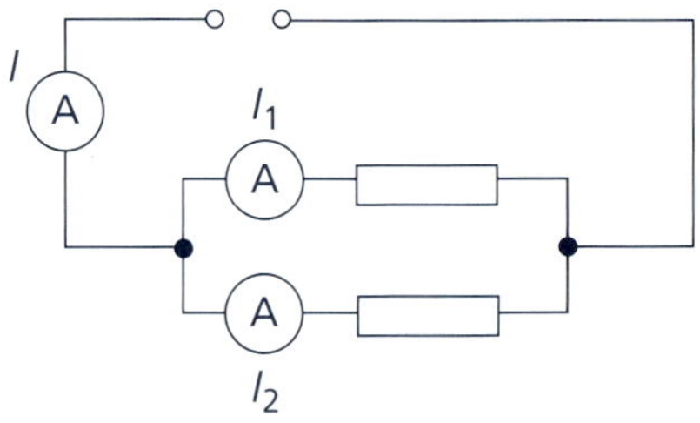

Auswertung:

Spannung in V	I in mA	I_1 in mA	I_2 in mA	

Trage in die letzte Spalte $I_1 + I_2$ ein und vergleiche mit I. Formuliere das Ergebnis.

___

3 Ergänze an den Schaltplänen die fehlenden Stromstärken.

a)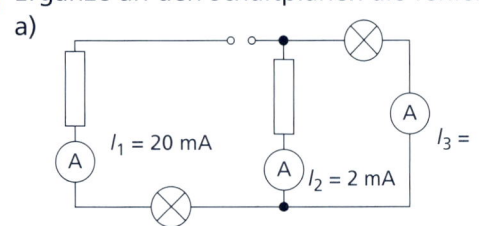
$I_1 = 20$ mA, $I_2 = 2$ mA, $I_3 =$

b)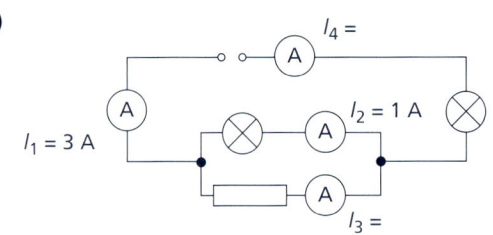
$I_1 = 3$ A, $I_2 = 1$ A, $I_3 =$, $I_4 =$

Elektrischer Strom, Stromstärke und Spannung

Spannung im unverzweigten Stromkreis

1 Bestätige experimentell das Gesetz für die Spannung in einem unverzweigten Stromkreis.

Vorbereitung:
a) Wie lautet das Gesetz?

_____

_____

b) Zeichne einen Schaltplan mit zwei Widerständen. Füge die Voltmeter an den Stellen ein, an denen die Spannungen gemessen werden müssen.

Durchführung:
a) Baue die Schaltung nach dem Schaltplan auf.
b) Miss die jeweiligen Spannungen und trage sie in die Messwertetabelle ein.

U in V	U_1 in V	U_2 in V	

Auswertung:
a) Trage in die letzte Spalte der Messwerttabelle $U_1 + U_2$ ein und vergleiche mit U. Formuliere das Ergebnis in Worten.

_____

_____

_____

2 Ergänze an den Schaltplänen die fehlenden Spannungen.

a)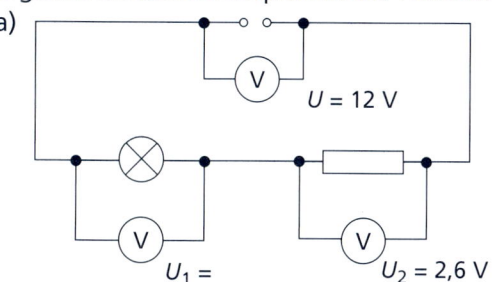
$U = 12$ V
$U_1 =$
$U_2 = 2{,}6$ V

b)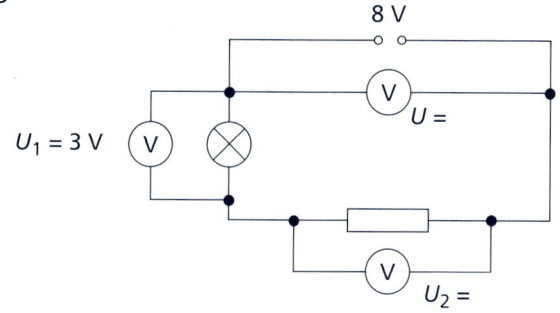
8 V
$U_1 = 3$ V
$U =$
$U_2 =$

10 Stromstärke, Spannung und elektrischer Widerstand

Spannung und Stromstärke bei verschiedenen Schaltungen

1 Kreuze an, welche der Aussagen physikalisch richtig bzw. falsch formuliert sind.

	richtig	falsch
Spannung und Stromstärke treten immer nur zusammen auf.		
Die Spannung kann auch ohne Stromstärke auftreten.		
Ein elektrischer Strom kann auch ohne Spannung fließen.		

2 Die Skizze zeigt vereinfacht den Schaltplan für eine Wohnung.
a) Wie sind die Geräte zueinander geschaltet?

b) Schreibe an jedes Gerät die Spannung, die an dem Gerät anliegt. Begründe.

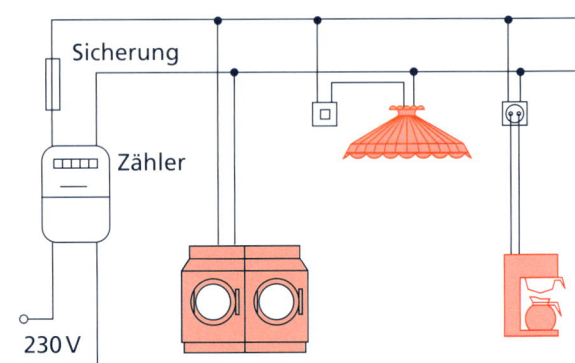

3 Ergänze an den Schaltplänen die fehlenden Stromstärken.

a) $I_1 = 3$ A, $I_2 =$, $I_3 = 1{,}3$ A

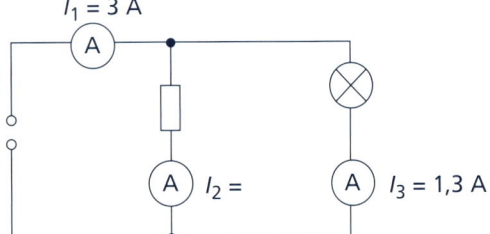

b) $I_1 = 3$ A, $I_3 = 4$ A, $I_2 =$, $I_4 = 1{,}5$ A, $I_5 =$

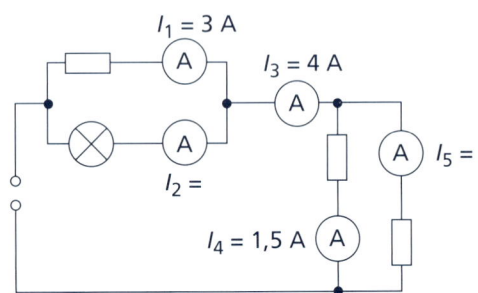

4 In einem verzweigten Stromkreis befinden sich zwei Widerstände.
Für verschiedene Spannungen wurden die jeweiligen Stromstärken gemessen. Ergänze die Tabelle.

I	I_1	I_2	I_3	I_4
0,5 A		0,2 A		
	0,3 A		0,15 A	
		250 mA	450 mA	
0,8 A				175 mA
		250 mA	0,3 A	

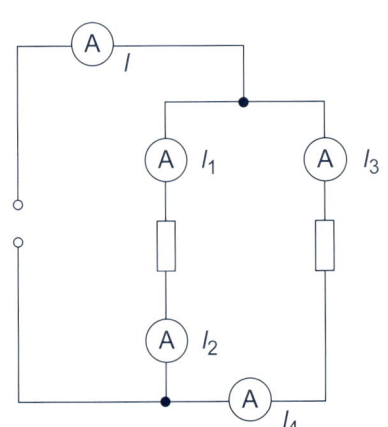

1.2 Elektrischer Widerstand und elektrische Leistung

Zusammenhang zwischen Spannung und Stromstärke

1 Untersuche experimentell den Zusammenhang zwischen Stromstärke und Spannung an einer Glühlampe und an einem Widerstand aus Konstantandraht. Bestimme den elektrischen Widerstand bei unterschiedlichen Spannungen.

Vorbereitung:
Zeichne Schaltpläne für die Aufnahme der *U-I*-Kennlinie einer Glühlampe und eines Widerstands.

Schaltplan für Glühlampe

Schaltplan für Widerstand

Durchführung:
a) Baue die Schaltung nach dem Schaltplan auf.
b) Miss an einer Glühlampe die Stromstärke bei unterschiedlicher Spannung.
c) Führe die Messungen an dem Drahtwiderstand durch.

Auswertung:
Glühlampe

U in V
I in mA
R in Ω

Widerstand aus Konstantandraht

U in V
I in mA
R in Ω

a) Zeichne die Kennlinien beider Bauteile verschiedenfarbig in das Diagramm ein.
b) Welche Aussagen kann man jeweils über den Zusammenhang zwischen Spannung und Stromstärke treffen?

c) Berechne für jedes Messwertepaar den elektrischen Widerstand und trage die Ergebnisse in die Tabelle ein.
d) Vergleiche die Widerstände bei unterschiedlichen Spannungen für die Glühlampe bzw. für den Konstantandraht.

Der elektrische Widerstand

1 Die Skizze zeigt den Aufbau eines metallischen Leiters. Erkläre mit dem Modell der Elektronenleitung das Zustandekommen des elektrischen Widerstands bei Stromfluss.

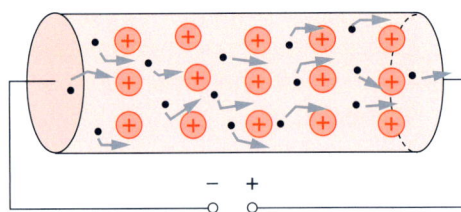

_____

_____

_____

2 Rechne die gegebenen Widerstände in der Tabelle in die jeweils andere Einheit um. Ergänze den Lückentext.

Die Einheit des elektrischen Widerstands ist nach dem

deutschen Lehrer und Forscher _____

benannt worden. Er lebte von _____ bis _____ .

Das Messgerät für den elektrischen Widerstand nennt man

_____ oder _____ .

R in Ω	R in kΩ	R in MΩ
2 500		
	0,75	
		3
	15	
500 000		

3 Vervollständige die folgende Tabelle.

Physikalische Größe	Der elektrische Widerstand gibt an …	Formelzeichen	Einheiten	Gleichung
elektrischer Widerstand				

4 Welche der folgenden Sprechweisen sind physikalisch korrekt, welche nicht? Kreuze an.

	richtig	falsch
Der Strom fließt durch einen Widerstand.		
Die Spannung liegt an einem Widerstand an.		
Der Strom liegt an einem Widerstand an.		
Der Widerstand bremst die Spannung.		

Widerstand und ohmsches Gesetz

1 An einem Bauteil wurde die Stromstärke bei verschiedenen Spannungen gemessen. Die Messwerte sind der folgenden Tabelle zu entnehmen:

U in V	I in mA
4	48
8	103
12	147
16	205
20	250

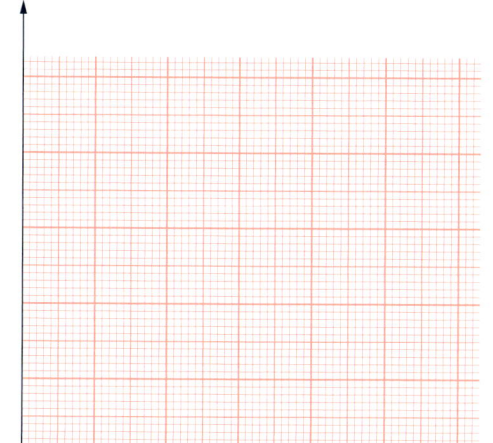

a) Zeichne ein U-I-Diagramm.
b) Was lässt sich aus diesem Diagramm über den Zusammenhang zwischen Spannung und Stromstärke ableiten?

_____

_____

c) Ergänze mithilfe des U-I-Diagramms die nachfolgende Tabelle.

U in V	2	14	18			
I in mA				75	175	225

d) Welche Aussagen kann man über den elektrischen Widerstand des Bauteils treffen?

_____

_____

2 Ergänze in der nachfolgenden Tabelle die fehlenden Werte.

Nr.	Spannung U	Stromstärke I	Elektrischer Widerstand R
1	230 V	0,7 A	
2		0,2 A	120 Ω
3	6 V		18 Ω
4	1,7 V	2,3 mA	
5	160 V		15 kΩ
6		10 A	50 Ω

Widerstand im unverzweigten Stromkreis

1 Bestimme experimentell den Gesamtwiderstand und die Teilwiderstände in einem Stromkreis mit zwei in Reihe geschalteten Bauteilen.

Vorbereitung:
a) Welche Größen müssen gemessen werden, um den elektrischen Widerstand eines Bauteils bestimmen zu können?

b) Entwirf einen Schaltplan.

Durchführung:
Baue die Schaltung nach dem Schaltplan auf und führe die erforderlichen Messungen durch.

Auswertung:
Messwerte: Teilwiderstand 1: $U_1 =$ _____ $I_1 =$ _____ $R_1 =$ _____

Teilwiderstand 2: $U_2 =$ _____ $I_2 =$ _____ $R_2 =$ _____

Gesamtwiderstand: $U =$ _____ $I =$ _____ $R =$ _____

a) Vergleiche den Gesamtwiderstand mit der Summe der Teilwiderstände.

b) Wodurch kann die Genauigkeit der Messungen beeinflusst worden sein?

2 Ermittle den Gesamtwiderstand der Reihenschaltung von zwei Bauteilen.

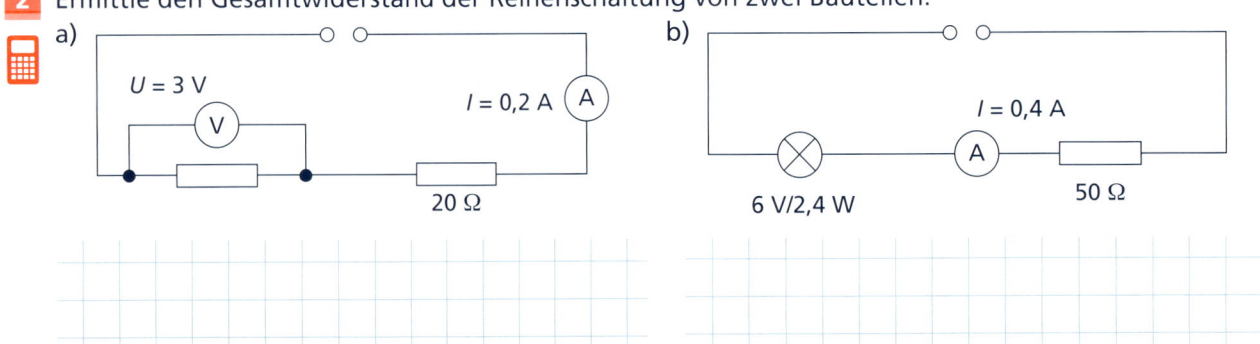

Elektrischer Widerstand und elektrische Leistung 15

Spannungen an Widerständen

1 Die Helligkeit einer 6-V-Glühlampe soll verändert werden. Drei Varianten werden vorgeschlagen:

(I) 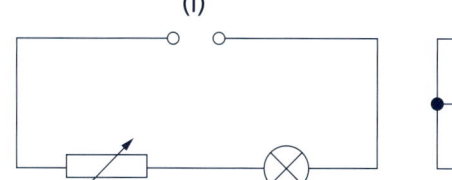 (II) 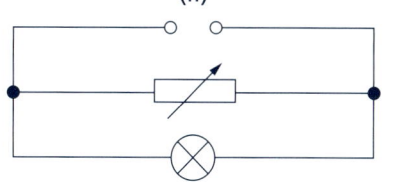 (III)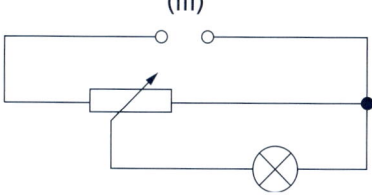

a) Bei welcher der Varianten kann man die Helligkeit der Glühlampe maximal verändern? Begründe deine Aussage.

_____

_____

b) Überprüfe deine Aussage experimentell.

2 Zwei Widerstände sind jeweils in Reihe geschaltet. Wie groß sind die an den einzelnen Widerständen anliegenden Spannungen?

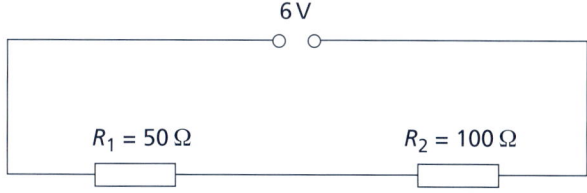

3 Die Stromstärke in der Glühlampe muss durch einen Vorwiderstand R_V begrenzt werden. Wie groß muss dieser Vorwiderstand sein?

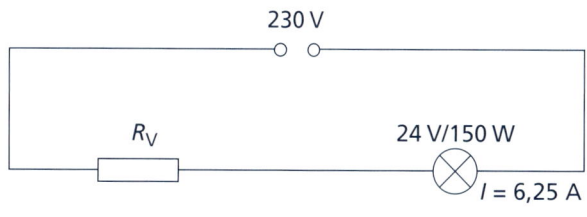

16 Stromstärke, Spannung und elektrischer Widerstand

Aufteilung von Stromstärke und Spannung

1 Die Glühlampen in der Schaltung seien alle gleich.
a) Wie groß ist die Stromstärke, die durch jede der Lampen fließt? Vervollständige.

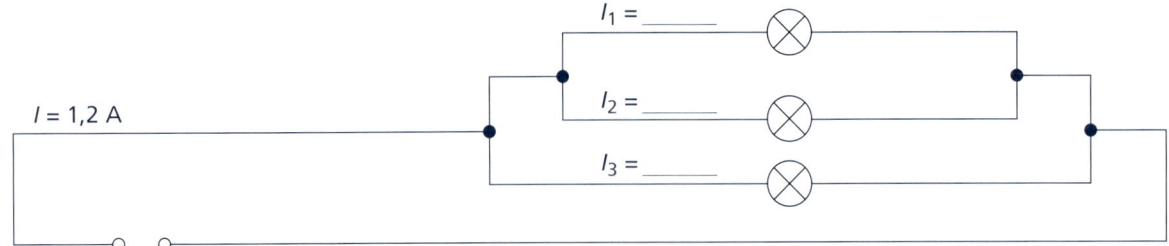

b) Überprüfe deine Antwort von Teilaufgabe a) experimentell. Was stellst du fest?

_____

_____

2 Durch das Messwerk eines Vielfachmessgeräts mit einem Innenwiderstand des Messwerks von 0,2 Ω darf maximal ein Strom der Stärke I = 10 mA fließen.

a) Wie groß muss der Vorwiderstand sein, wenn der Messbereich des Spannungsmessgeräts 100 V betragen soll?

b) Wie groß muss der parallel geschaltete Widerstand sein, wenn der Messbereich des Stromstärkemessgeräts 10 A betragen soll?

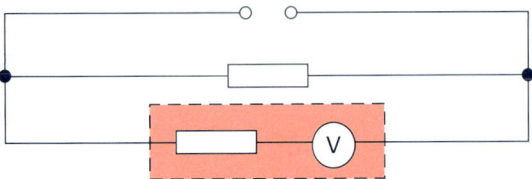
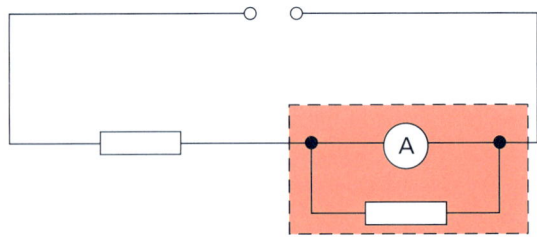

3 Für Rätselfreunde

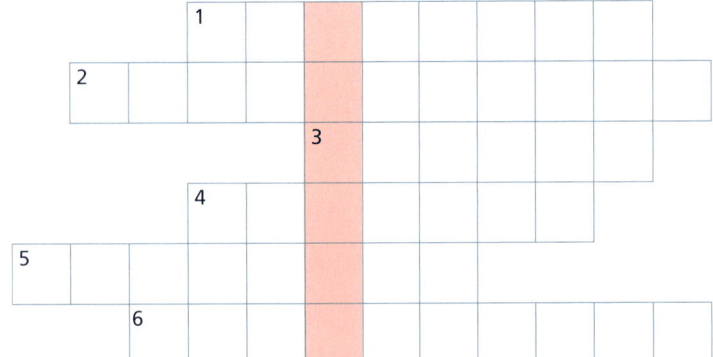

1 Größe, die in Volt gemessen wird
2 Größe, die die Stärke des Elektronenstroms beschreibt
3 Bestandteil des Atomkerns
4 Größe, die in verschiedenen Formen auftritt
5 negativ geladenes Teilchen
6 elektrisches Bauelement

Als Lösungswort ergibt sich der Name eines berühmten französischen Physikers, nach dem auch eine physikalische Einheit benannt ist: _____

Elektrischer Widerstand und elektrische Leistung — 17

Elektrische Energie und Leistung

1 Vergleiche die Gesamtkosten, die beim Betrieb von acht Glühlampen und einer Energiesparlampe gleicher Helligkeit bei 8 000 Betriebsstunden entstehen. Ergänze die fehlenden Werte.
1 kWh kostet 0,25 Euro.

Lampenart	mittlere Lebensdauer	elektrische Leistung	Anzahl der erforderlichen Lampen	Kaufpreis	genutzte elektrische Energie bei 8 000 h	Kosten für die genutzte elektrische Energie	Gesamtkosten
(Glühlampe)	1 000 h	60 W	8				
(Energiesparlampe)	8 000 h	15 W	1				

2 Ergänze die in der Tabelle fehlenden Werte für verschiedene elektrische Geräte. Fülle die letzten beiden Zeilen für Geräte aus, die du zu Hause nutzt.

Gerät	Spannung U	Stromstärke I	Leistung P	genutzte Energie E bei 1 h Betrieb
Energiesparlampe	230 V		15 W	
Fahrradscheinwerfer	6 V		2,4 W	
Heizplatte	230 V	4,35 A		

3 Bestimme experimentell die elektrische Leistung einer Glühlampe.

Vorbereitung:
a) Welche physikalischen Größen muss man messen, um die elektrische Leistung bestimmen zu können?
b) Entwirf einen Schaltplan zur Bestimmung der elektrischen Leistung einer Glühlampe.

Durchführung:
Baue die Experimentieranordnung nach dem Schaltplan auf. Führe die erforderlichen Messungen durch.

Auswertung:
Messwerte: *Berechnen der Leistung:*

Ergebnis:

Elektrische Energie

1 Die Fotos zeigen verschiedene Elektrizitätszähler. Gib für jeden der Zähler an, wie groß die elektrische Energie ist, die seit seinem Einbau genutzt wurde, und wie hoch die Gesamtkosten sind, wenn eine Kilowattstunde 0,25 Euro kostet.

Energie: _____

Preis: _____

Energie: _____

Preis: _____

2 Das Bild zeigt einen Teil einer „Rechnung für Energielieferung", wie sie jeder Haushalt erhält. Die Daten sind nicht ganz vollständig.

3. Rechnungsbetrags-Ermittlung

Pos.	Anzahl Einheiten kWh	Einzel-preis Euro	Zwi-schen-summe Euro	Leis-tungs-preis Euro	Netto-Rechnungs-betrag Euro	Ausgleichs-abgabe %	Euro	Zwi-schen-summe Euro	Umsatz-steuer %	Euro	Rech-nungs-betrag Euro
	14	15	16	17	19		20	21		20	23
1	780,0	0,25		75,00		0,00	0,00		19,00		

a) Ergänze die Spalten 16 (Zwischensumme), 19 (Netto-Rechnungsbetrag), 21 (Zwischensumme), 22 (Umsatzsteuer) und 23 (Rechnungsbetrag).

b) Ein Drei-Personen-Haushalt in Deutschland verbraucht im Jahr im Durchschnitt 3900 kWh. Wie hoch sind die Kosten, wenn man von dem jetzt gültigen Preis für die Kilowattstunde ausgeht?

c) Wie hoch ist der Elektroenergieverbrauch pro Jahr in deinem Haushalt? Vergleiche mit dem oben genannten Durchschnitt für einen Drei-Personen-Haushalt.

3 Erkunde, welches die größten „Energieverbraucher" im Haushalt sind.

2 Energie und ihre rationelle Nutzung

2.1 Energie, Energieformen, Energiewandler

Energieformen in Natur, Technik und Alltag

1 Auf den Bildern sind Körper dargestellt. Welche Energieformen besitzen die jeweiligen Körper?

2 Ordne den Energieformen folgende Energieträger zu:
Braunkohle, Tafel Schokolade, angestautes Wasser, strömendes Wasser, Holz, Batterie, Erdgas, fliegender Ball, fallender Stein, siedendes Wasser, Kerze, geheizter Ofen, Glas Tee, Blitz, gespannte Feder.

Chemische Energie	Mechanische Energie	Thermische Energie	Elektrische Energie

3 Trage in die Tabelle Körper ein, die die betreffende Energieform besitzen.

Potenzielle Energie	Kinetische Energie	Thermische Energie	Chemische Energie

4 Welche Energieformen besitzen die dargestellten Körper? Es können auch mehrere Energieformen sein.

Energie und ihre rationelle Nutzung

Energieumwandlungen

1 Auf den Bildern sind Körper dargestellt. Welche Energieformen besitzen die jeweiligen Körper?

2 Welche Energieumwandlungen erfolgen bei einem hin- und herschwingenden Pendel?

3 Elektrische Energie kann mit technischen Geräten in verschiedene Energieformen umgewandelt werden. Ergänze die folgende Übersicht, indem du in jedes Kästchen ein Gerät einträgst, das elektrische Energie in eine andere Energieform umwandelt. In die ovalen Felder trage die andere Energieform ein. Ein Beispiel dafür ist angegeben.

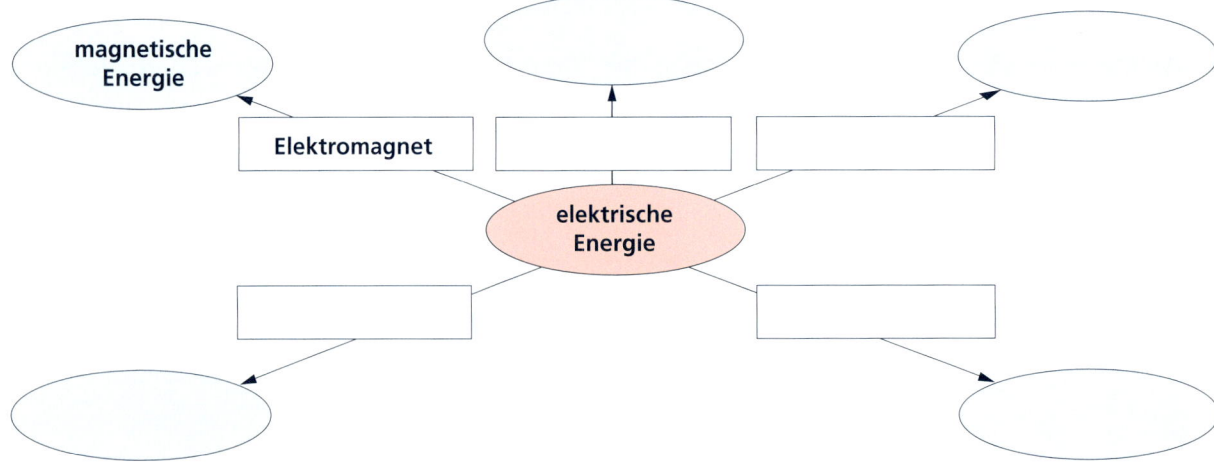

Energie, Energieformen, Energiewandler — 21

Energieformen und Energieumwandlungen

1 In welchen Formen kann mechanische Energie vorkommen? Gib jeweils zwei Beispiele an.

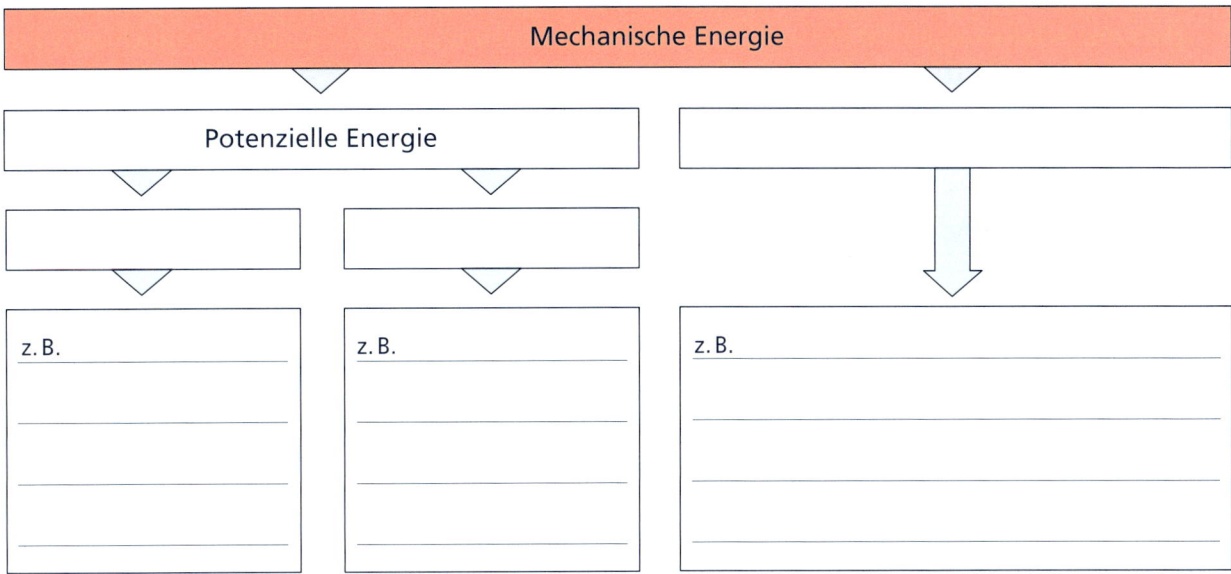

2 In der Abbildung sind zahlreiche Vorgänge in Natur und Technik dargestellt. Notiere in der Tabelle, welche Energieumwandlungen bei diesen Vorgängen stattfinden.

Vorgang in Natur und Technik	Energieumwandlung

Energiewandler und Energieflussdiagramme

1 Die sich in der Natur immer wieder erneuernden Energien können als Ausgangsenergie genutzt werden, um in Energiewandlern in Energieformen für den Verbraucher gewandelt zu werden. Ordne die erneuerbare (regenerative) Ausgangsenergie den Energiewandlern zu. Ergänze auch die vom Verbraucher genutzte Endenergie.

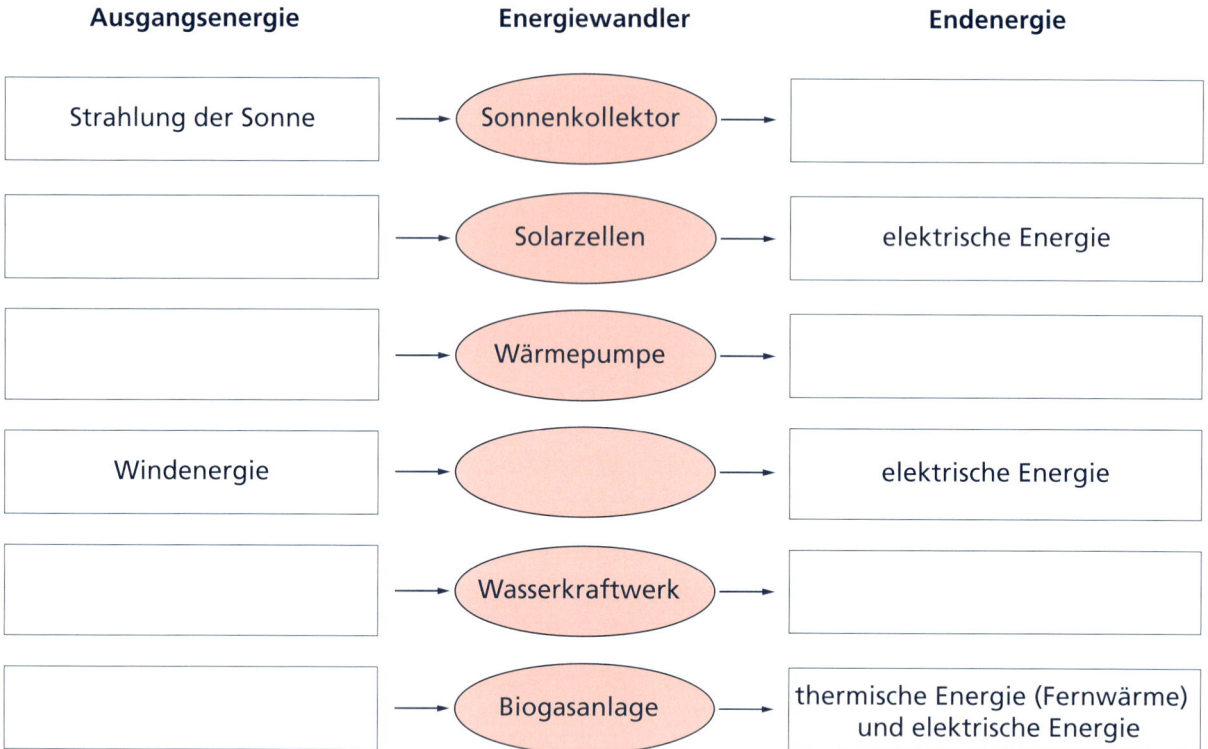

2 Vergleiche die Energieflussdiagramme eines Pkw (links) und eines Kohlekraftwerks (rechts).

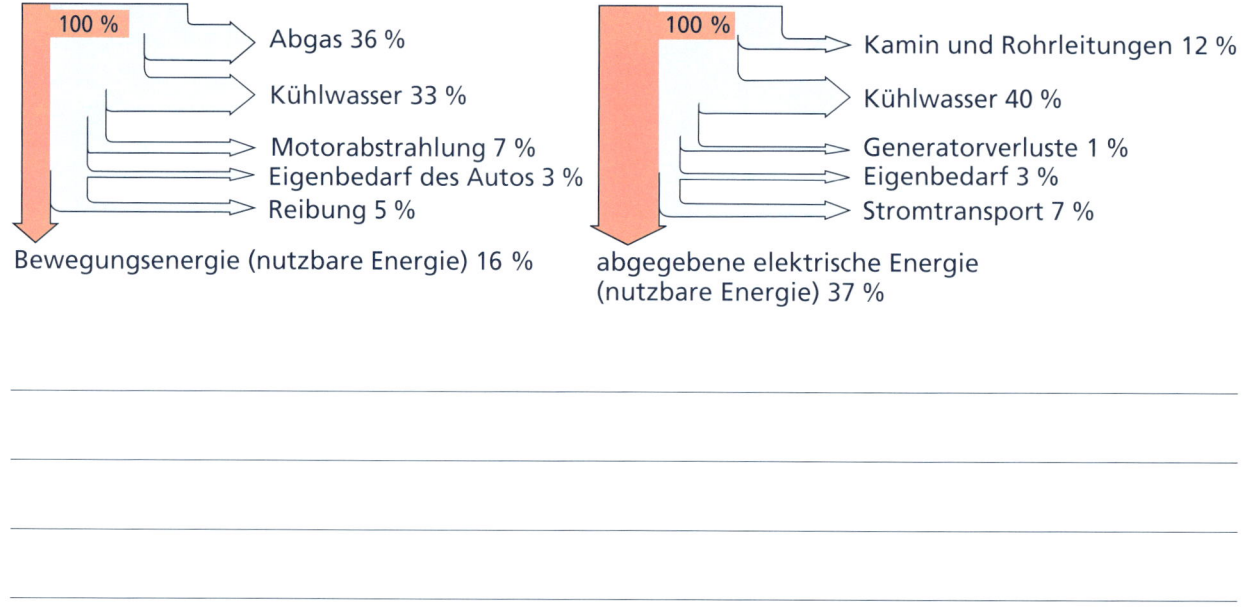

Energie, Energieformen, Energiewandler 23

Energie und Wirkungsgrad

1 Wie ist der Wirkungsgrad eines Geräts, einer Anlage oder eines Lebewesens definiert? Formuliere als Gleichung und in Worten.

_____

_____

2 Ergänze die nachfolgende Übersicht.

Gerät/Vorgang	Zugeführte Energie	Nutzbare Energie	Wirkungsgrad in %
Pkw-Motor	100 MJ	20 MJ	
Glühlampe	360 kJ	18 kJ	
Elektromotor	2 MJ	1,8 MJ	
Dieselmotor	100 MJ		25 %
Mensch beim Treppensteigen		6 kJ	25 %

3 Für alle Geräte, Anlagen und Lebewesen gilt die in der Skizze dargestellte Energiebilanz. Erläutere sie anhand einer Energiesparlampe, die einen Wirkungsgrad von 25 % hat.

_____

_____

_____

4 Auch der Mensch ist ein Energiewandler mit einem bestimmten Wirkungsgrad. Beim Bergsteigen beträgt er etwa 20 %.
a) Was bedeutet diese Angabe?

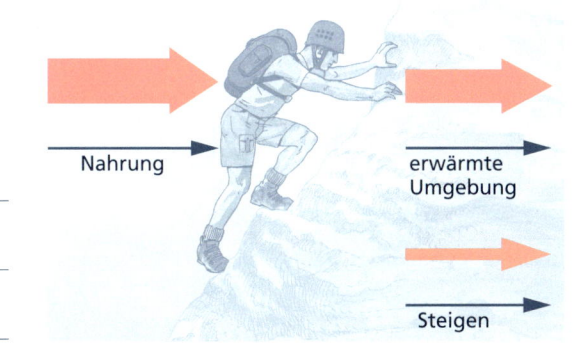

_____

_____

b) Der Bergsteiger hat einen Energieumsatz von 1 800 kJ in der Stunde. Wie viele Höhenmeter schafft er in einer Stunde unter Berücksichtigung seines Wirkungsgrads von 20 %. Seine Masse beträgt 60 kg.

_____

© Duden Paetec GmbH, Berlin. Alle Rechte vorbehalten. Internet: www.duden-schulbuch.de

2.2 Mechanische Arbeit, Energie und Leistung

Mechanische Arbeit

1 Die Bilder zeigen Beispiele, bei denen Kräfte wirken. Gib für jeden Fall an, ob mechanische Arbeit verrichtet wird. Begründe.

2 Die mechanische Arbeit kann man mit einer Gleichung berechnen.
a) Nenne und interpretiere die Gleichung. Nenne auch die Gültigkeitsbedingungen.

b) Bei welchen der skizzierten Beispiele ist die Gleichung anwendbar, bei welchen nicht? Begründe deine Aussage.

Mechanische Arbeit, Energie und Leistung

Bestimmen mechanischer Arbeit

1 Ein Kran hebt verschiedene Lasten jeweils vom Boden aus in unterschiedliche Höhen. Vergleiche die verrichtete Arbeit jeweils in den Fällen A und B miteinander. Begründe.

a)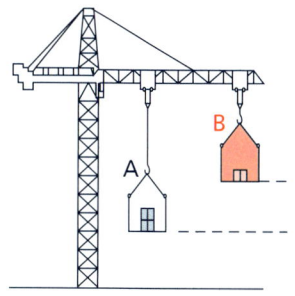
b)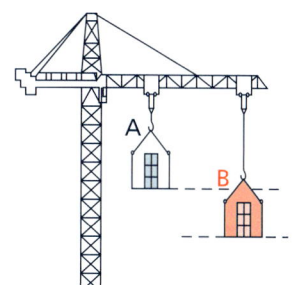
c)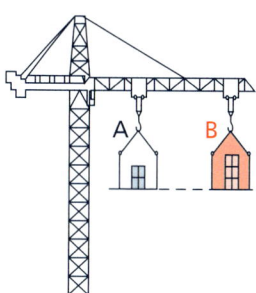

2 Beim Heben verschiedener Körper sind einige Angaben bekannt. Ergänze in der Tabelle die fehlenden Werte.

	Masse m	erforderliche Hubkraft F	zurückgelegter Weg s	verrichtete Arbeit W
a)		250 N	1,5 m	
b)	2 kg		25 m	
c)	400 g		50 cm	
d)		60 kN	30 cm	
e)			8,0 m	1200 Nm
f)	1,2 t			8400 Nm

3 Ein Gewichtheber hebt eine 150 kg schwere Hantel vom Fußboden in eine Höhe von 1,90 m. Welche Arbeit verrichtet er?

Mechanische Energie

1 Auf den Bildern sind Körper dargestellt. Welche Energieformen besitzen die jeweiligen Körper.

_____   _____   _____

_____   _____   _____

_____   _____   _____

_____   _____   _____

2 Nenne je drei Beispiele für Körper, die Energie besitzen und damit die in der Tabelle genannten Fähigkeiten haben.

Verrichten mechanischer Arbeit	Abgeben von Wärme	Aussenden von Licht

3 Welche Energieformen besitzen die auf dem Foto abgebildeten Körper?

Mechanische Arbeit, Energie und Leistung 27

Mechanische Energie und Leistung

1 Einige Schüler haben ihre Leistung beim Treppensteigen ermittelt. Ergänze die fehlenden Werte. Trage in die letzte Zeile deine Werte ein. Bestimme daraus deine Leistung.

Name	Höhe in m	Gewichts-kraft in N	potenzielle Energie in Nm	Zeit in s	Leistung in W
Lena	3,00	600	1800	4,0	
Philipp	2,60	540		2,5	
Florian	2,70	460		2,5	

2 Vergleiche die potenziellen Energien und die Leistungen bei den dargestellten Vorgängen.

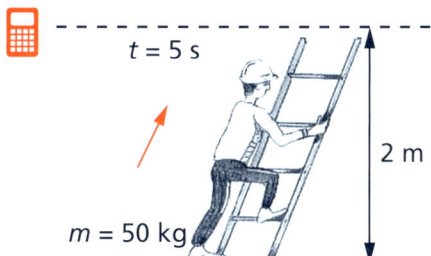
$t = 5$ s, $m = 50$ kg, 2 m

$t = 6$ s, $m = 60$ kg, 2 m

$t = 7$ s, $m = 70$ kg, 2 m

$E_{pot} =$ _____ $E_{pot} =$ _____ $E_{pot} =$ _____

$P =$ _____ $P =$ _____ $P =$ _____

Vergleich: _____

3 Vergleiche die potenziellen Energien und die Leistungen bei den dargestellten Vorgängen.

$t = 3$ s, $m = 55$ kg, 1 m

$t = 4$ s, $m = 55$ kg, 1 m

$t = 5$ s, $m = 55$ kg, 1 m

$E_{pot} =$ _____ $E_{pot} =$ _____ $E_{pot} =$ _____

$P =$ _____ $P =$ _____ $P =$ _____

Vergleich: _____

2.3 Wärme, Energie und Arbeit

Temperaturänderung und Wärme

1 Untersuche experimentell den Zusammenhang zwischen der Wärme, die einem Körper zugeführt wird, seiner Temperaturänderung und seiner Masse.

Durchführung:
a) Es werden verschiedene Wassermengen um jeweils 10 K erwärmt. Als Wärmequelle dient eine Heizplatte, die gleichmäßig Wärme abgibt (z. B. 1 kJ in 10 s).
b) Trage die Masse des Wassers in die Messwertetabelle ein. Bestimme jeweils die Zeit, in der sich die betreffende Wassermenge um 10 K erwärmt.

Auswertung:

Masse m des Wassers in g			
Zeit t in s			
Wärme Q in kJ			

Zeichne das Q-m-Diagramm. Welcher Zusammenhang könnte bestehen?

---

2 Das Diagramm zeigt die Temperaturänderung von je 1 kg Wasser und 1 kg Aluminium bei gleichmäßiger Wärmezufuhr.
a) Welche Gemeinsamkeiten und welche Unterschiede zwischen Wasser und Aluminium sind aus dem Diagramm erkennbar?
Gemeinsamkeiten:

Unterschiede:

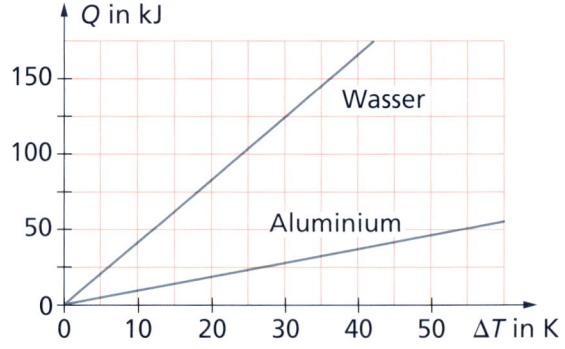

b) Ermittle aus dem Diagramm, wie viel Wärme erforderlich ist, um 1 kg Wasser bzw. 1 kg Aluminium um 10 K zu erwärmen.

c) Wie viel Wärme ist erforderlich, um 10 kg Wasser bzw. 10 kg Aluminium um 10 K zu erwärmen?

Temperatur, Wärme und thermische Energie

1 Vervollständige die folgende Tabelle.

Physikalische Größe	Die thermische Energie ist	Formelzeichen	Einheit
thermische Energie			

2 Bestimme experimentell die Mischungstemperatur von zwei gleich großen Wassermengen unterschiedlicher Temperatur.

Durchführung:
a) Miss die Temperatur des kalten und des warmen Wassers.
b) Schütte das kalte in das warme Wasser. Miss die Mischungstemperatur.
c) Führe den Versuch nochmal durch. Schütte aber jetzt das warme Wasser in das kalte Wasser. Miss die Mischungstemperatur.

Auswertung:
Messwerte:

Anfangstemperatur	Temperatur des kalten Wassers ϑ_{kalt} in °C	Temperatur des warmen Wassers ϑ_{warm} in °C	Mischungstemperatur ϑ_M in °C
Messung 1			
Messung 2			

a) Vergleiche die Messung 1 mit Messung 2.

b) Begründe mögliche Unterschiede in den Messungen der Mischungstemperatur.

3 Die spezifische Wärmekapazität von Aluminium beträgt $c = 0{,}90 \frac{kJ}{kg \cdot K}$
Vervollständige den folgenden Text:

Bei Erwärmung um 1 K nimmt 1 kg Aluminium eine Wärme von _____ auf.

Bei Abkühlung um 10 K gibt 1 kg Aluminium eine Wärme von _____ ab.

Bei Erwärmung um _____ nehmen 10 kg Aluminium eine Wärme von 90 kJ auf.

Gewinnung und Nutzung elektrischer Energie

1 Elektrische Energie ist die wichtigste Energieform in der Technik und im Alltag. Sie wird aus verschiedenen anderen Energieformen gewonnen und bei der Nutzung in unterschiedliche Energieformen umgewandelt.
Ergänze die nachfolgende Übersicht. In den grau unterlegten Kästen stehen Energieformen, in den weiß unterlegten Kästen Geräte oder Anlagen.

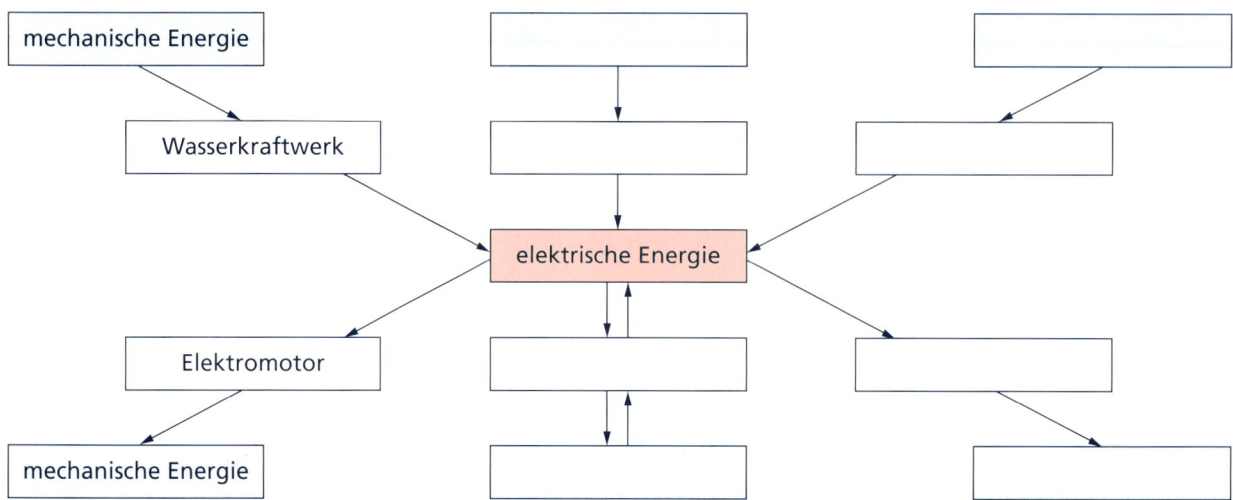

2 Die Abbildung zeigt den grundsätzlichen Aufbau eines Steinkohlekraftwerks mit Kraft-Wärme-Kopplung.

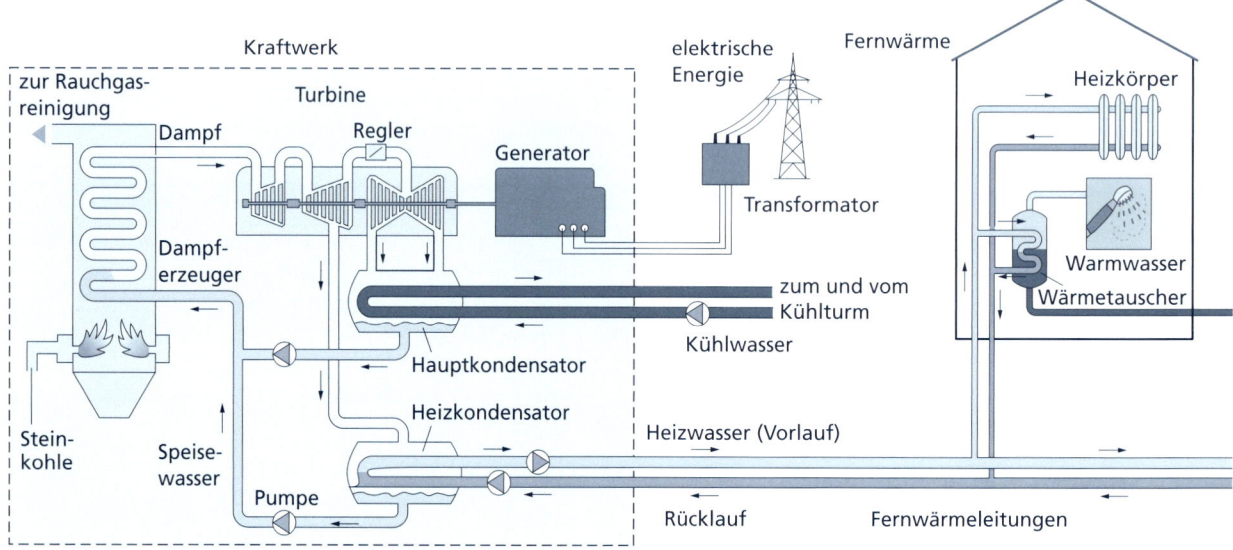

a) Ergänze die Umwandlungskette.

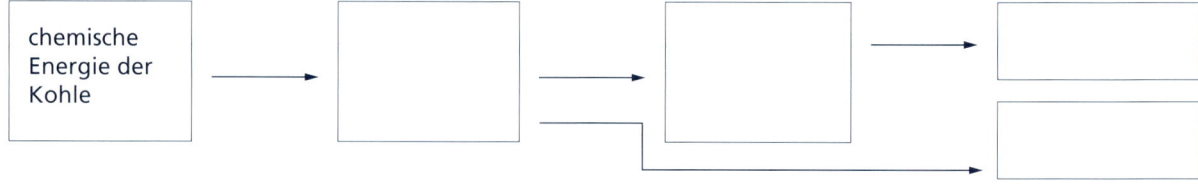

b) Erkunde, wie hoch der Wirkungsgrad eines solchen Kraftwerks ist.

Energie und Energiegewinnung

1 Energie kann von einer Form in andere Formen umgewandelt, von einem Körper zum anderen Körper transportiert und auch gespeichert werden. Ergänze dazu die folgende Übersicht.

```
                    Energie
    ┌──────────────────┼──────────────────┐
```

existiert in verschiedenen Energieformen, z. B. als	kann in verschiedenen Formen transportiert werden, z. B. durch	kann in verschiedener Weise gespeichert werden, z. B. in Form von

2 In Kraftwerken wird elektrische Energie aus anderen Energieformen gewonnen. Ergänze die nachfolgende Übersicht!

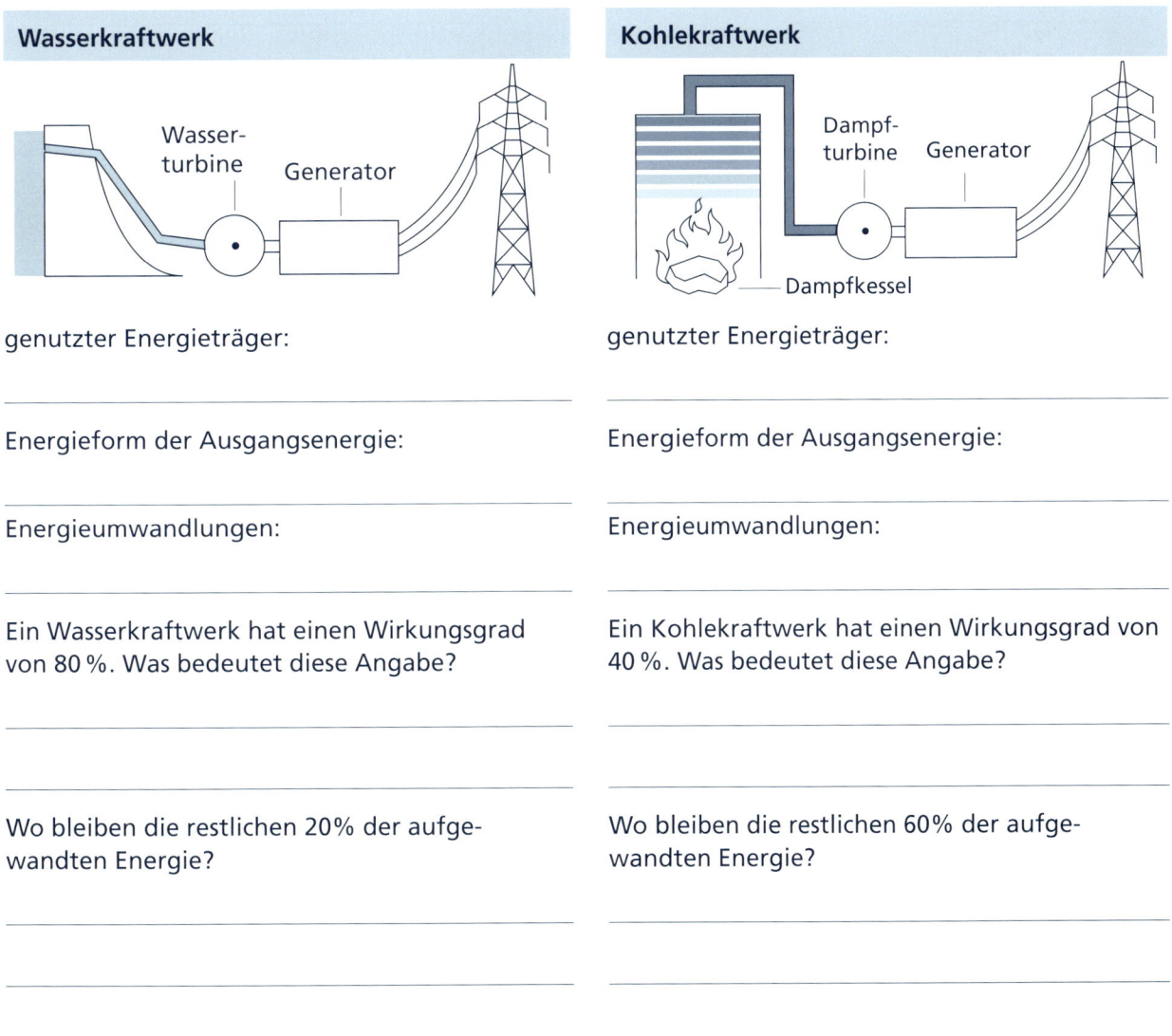

Wasserkraftwerk

genutzter Energieträger:

Energieform der Ausgangsenergie:

Energieumwandlungen:

Ein Wasserkraftwerk hat einen Wirkungsgrad von 80 %. Was bedeutet diese Angabe?

Wo bleiben die restlichen 20% der aufgewandten Energie?

Kohlekraftwerk

genutzter Energieträger:

Energieform der Ausgangsenergie:

Energieumwandlungen:

Ein Kohlekraftwerk hat einen Wirkungsgrad von 40 %. Was bedeutet diese Angabe?

Wo bleiben die restlichen 60% der aufgewandten Energie?

Regenerative Energien

1 Stelle in einer Übersicht Arten der regenerativen Energien zusammen. Orientiere dich an den skizzierten Abbildungen. Nutze zur Beantwortung auch Lehrbuch, Internet und Nachschlagewerke.

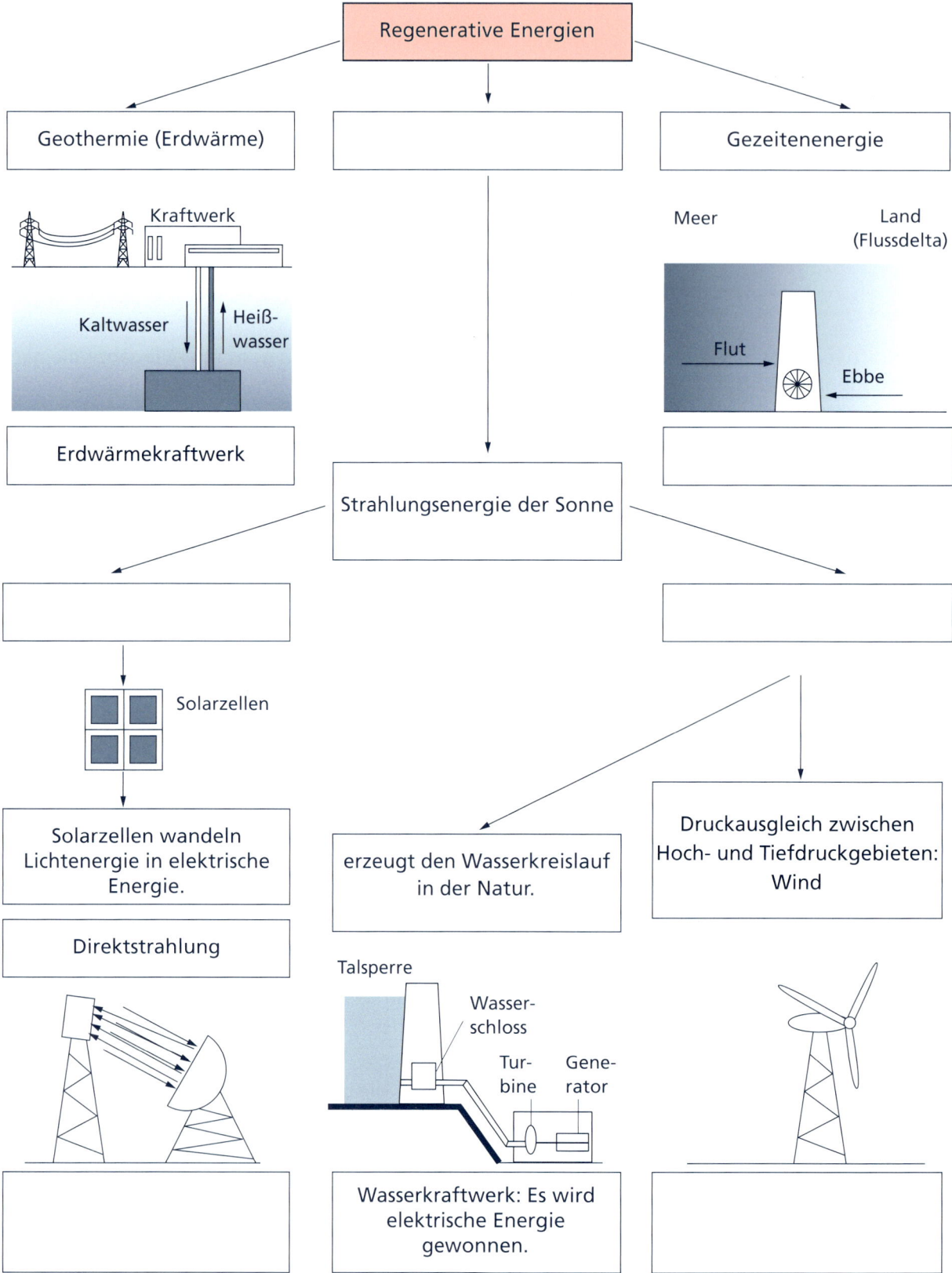